SUR

LE RAPPORT

DU CITOYEN LEGENDRE

A LA CONVENTION NATIONALE,

Relativement à la reprise du Vaisseau Français le TRAJAN, par le Corsaire Français le ROBERT,

OU

RÉPONSE AU LIBELLE INTITULÉ

Article III de la Constitution décrétée le 23 juin 1793.

LE RAPPORT

Du citoyen Legendre de la Nièvre, à la convention nationale.

O U

RÉPONSE AU LIBELLE INTITULÉ:

. Article III de la constitution décrétée le 24 juin 1793.

« Tous les hommes sont égaux par la nature et devant la loi. »

Texte du libelle.	*Réponses.*
Les citoyens Rabaud et compagnie, de Marseille, ont perdu à Bordeaux un procès particulier, contre les citoyens Ambroise Perrotin père et fils de Nantes.	Cela n'est pas vrai; les armateurs de Nantes, ont bien obtenu du tribunal de Bordeaux la déclaration que le vaisseau le Trajan étoit pour eux de bonne prise; mais il n'y a pas eu de jugement, car les citoyens Rabaud et compagnie n'ont été ni appelés, ni entendus contradictoirement.
Ils espèrent parvenir à faire rejuger par la convention ce	Il n'est pas vrai qu'ils sollicitent un *jugement* de la conven-

A

procès jugé , quoiqu'elle ait constamment refusé de connoître des affaires particulières , même non jugées. dont la connoissance est attribuée au pouvoir judiciaire.

Tous les hommes cesseroient-ils d'être egaux devant la loi?

Ces citoyens sollicitent, par l'organe du citoyen Legendre , législateur, l'abrogation de la loi tion ; car ils savent parfaitement que la convention n'est pas un tribunal.

Il n'est pas vrai que la convention ait *constamment refusé de connoître des affaires particulières,* car la convention sait bien que c'est des *justices particulières* que se compose la justice publique , et qu'elle ne peut prononcer l'abrogation de telles ou telles loix, odieuses et tyranniques , que, lorsqu'elles lui sont dénoncées par les citoyens que des circonstances imprévues menacent d'en rendre les victimes.

Non sans doute ; car alors, il ne resteroit aux amis de la liberté qu'à s'envelopper la tête dans leurs mantaux.

Mais, c'est précisément pour que l'égalité de tous les hommes devant la loi , ne puisse plus être mise en question, que les citoyens Rabaud et compagnie, qui n'ignorent pas que la constitution française est sur-tout faite pour les français, sollicitent de la convention une loi bienfaisante et morale, qui ne constitue pas le commerce français en état de guerre civile permanente , et ne donne pas à ceux-ci, le privilége déplorable d'être volés impunément par leurs frères , et à ceux-là, le privilège odieux d'être les voleurs.

Ce n'est donc pas un *jugement* qu'ils sollicitent de la convention.

qui les a condamnés ; elle s'exprime ainsi : — « Un vaisseau français, repris sur l'ennemi par un vaisseau français, vingt-quatre heures après la première prise, appartient en totalité à l'armateur qui l'a repris sur l'étranger. »

Ils demandent la création d'une loi différente, qui ait un effet rétroactif. Si la convention faisoit droit à leur demande, ils se trouveroient gagner par appel à la convention, le procès qu'ils ont perdu à Bordeaux.

Le citoyen Legendre, rapporteur, nomme la loi existante, *cruelle*, *barbare et despotique*, telle est l'arme banale dont on se sert pour frapper et ennivrer les sens, lorsqu'on veut faire échouer la justice et la raison. Comment la loi existante seroit-elle barbare et despotique ? elle n'a aucun rapport avec le législateur. Tous les effets de cette loi lui sont absolu-

Ils ne sollicitent pas non plus *l'abrogation d'une loi*, car il n'y a de loix pour un peuple libre, que celles qu'il a faites lui-même, par l'organe de ses représentans.

Ils sollicitent seulement, l'abrogation d'une ordonnance d'un ci-devant roi, qui ne peut être d'aucune vigueur chez un peuple qui a renversé ses rois, qui ne veut plus de rois.

Ils sollicitent enfin l'application à toutes les loix françaises, des principes contenus dans la déclaration des droits et particulièrement dans cet article VIII : — « La sureté consiste dans la protection accordée par la société à chacun de ses membres, pour la conservation desa personne, de ses droits et de ses *propriétés* ».

Ils n'ont pas *appelé* à la convention du procès qu'ils ont *perdu à Bordeaux*, puisqu'il n'y a pas eu de procès ; il n'y a pas eu de procès, puisqu'ils n'ont été ni appelés, ni entendus.

Le paragraphe que nous venons de transcrire, est si dégoutant d'absurdites et de mensonges, qu'on conviendra qu'il faut s'armer d'un grand courage pour essayer d'y répondre.

Quoi ! on n'appelleroit pas *cruelle*, *barbare et despotique*, une ordonnance royale, qui au moment où tous les français doivent

ment étrangers. Elle est une simple police entre particuliers. Elle est du droit commun de l'Europe. Elle s'observe en France, en Espagne, en Angleterre, en Hollande et chez les autres nations commerçant par mer; elle est d'ailleurs de droit naturel et essentielle au succès de notre marine.

réunir toutes leurs forces contre les rois qui les menaçent, armeroit des français eux-mêmes, contre des français : Une ordonnance, qui diviseroit leurs intérêts, en livrant la fortune des uns, à la cupidité des autres et rangeroit des ennemis, sous un même pavillon !

Quoi ! qualifier cette ordonnance de *barbare* et de *despotique*, c'est se servir *d'une arme banale, pour frapper et enniurer les sens !*

En vérité, s'il n'étoit pas prouvé depuis long-tems, qu'une *mauvaise* cause ne peut jamais être *bien* défendue, on pourroit sans injustice, accuser de la plus profonde ineptie les auteurs du libelle auquel nous répondons : mais nous sommes parties adverses, il ne nous convient pas de prononcer ; nous posons donc ainsi la question, et nous invitons nos lecteurs à y répondre.

Les défenseurs des citoyens Ambroise, Perrotin, père et fils, sont-ils plus sots que de mauvaise foi ? ou bien, au contraire, ont-ils plus de mauvaise foi que d'ignorance ?

Ces Messieurs annoncent d'un ton très-*capable*, que la preuve que l'ordonnance royale qu'ils veulent maintenir n'est ni barbare, ni despotique, c'est *qu'elle n'a aucun rapport avec le législateur, que tous ses effets sont absolument étrangers au législateur, qu'elle est enfin une simple police entre particuliers.* Comme si le législateur ne devoit proclamer d'autres loix, que celle qui l'intéressent personnellement ! comme si le législateur n'étoit pas citoyen avant d'être législateur ! comme enfin, si dans un pays libre, il pouvoit exister d'autre police entre certains particuliers, que celle qui dérive de la constitution, qui est établie par elle et qui est la même pour tous !

Mais, les défenseurs des citoyens Ambroise, Perrotin, père et fils, ne se sont pas contentés d'être absurdes, ils ont été menteurs.

L'ordonnance royale, dont ils invoquent la conservation, n'est pas comme ils l'ont avancé, de droit commun de l'Europe. Il n'est pas vrai, qu'elle s'observe ni en Angleterre, ni en Hollande, ni même chez les autres nations *maritimes*.

Dans ces différens pays il existe au contraire une table de progression, pour les indemnités à accorder aux corsaires nationaux dans de pareilles circonstances, et c'est cette même progression que le citoyen le Gendre, propose détablir en France.

Cette ordonnance est de *droit naturel*! Voilà, sans doute, une assertion à laquelle personne ne s'attendoit ; mais ce qui est plus étonnant encore, c'est la preuve de cette assertion.

Cette preuve se traduit ainsi littéralement.

B

Elle (l'ordonnance royale), est de droit naturel, par le principe naturel, dans tous les pays, qu'une prise sur l'ennemi appartient légitiment à celui qui l'a faite. Un navire anglais, pris par un Français en tems de guerre, appartient légitimement au Français et réciproquement ; par conséquent, le vaisseau le Trajan, pris par la frégate anglaise la Thétis, en tems de guerre, appartenoit légitimement à cette frégate ; c'est donc sur la frégate la Thétis que le vaisseau le Trajan, a été pris par le corsaire le Robert ; par conséquent, le vaisseau leur appartient légitimement.

Le Trajan, vaisseau français, appartient au corsaire français le Robert, parce que, si le corsaire français le Robert, avoit pris un vaisseau anglais, ce vaisseau anglais lui appartiendroit.

On voit aisément que la théorie de ce beau système, se réduit à cette maxime de Carthouche, *ce qui est bon à prendre est bon à garder*.

Nous doutons que cette maxime fasse jamais partie de la constitution française, dans laquelle nous lisons celle-ci : *ne fais à autrui que ce que tu voudrois qui te fut fait à toi-même.*

Les citoyens Ambroise Perrotin père et fils, sont instamment priés de supposer un moment, que c'est à eux que le vaisseau le Trajan appartenoit, et que le corsaire le Robert est la propriété des citoyens Rabaud et compagnie.

Au reste, il n'est pas vrai que le Trajan ait été pris par le corsaire le Robert, sur la frégate anglaise la Thétis, puisqu'il n'a été pris par lui que le 31 mars, et qu'il fût séparé de la Thétis le 29, six ou huit heures après avoir été pris par elle.

Il n'est pas vrai que le Trajan ait été pris sur les Anglais, quoiqu'on ait trouvé sur son bord, 13 anglais que la Thétis y avoit laissés. Le Trajan avoit encore à son bord, 50 français libres, et certes, on ne persuadera à

Un vaisseau espagnol, riche dé 8o millions, fut dernièrement pris par un corsaire français, et repris par un anglais; l'anglais est resté propriétaire de la reprise, et cependant l'harmonie entre l'Angleterre et l'Espagne, est plus étroite que jamais.

personne que ces 5o français se fussent laissés conduire par les 18 anglais.

Mais leur navire avoit besoin de secours, et lorsqu'ils en demandèrent au corsaire français le Robert, ils ne pouvoient prévoir que ce corsaire ne seroit pas français pour eux.

Le vaisseau espagnol étoit d'abord un vaisseau *espagnol*, et non, un vaisseau anglais.

Il fut le prix d'un combat soutenu entre un vaisseau anglais et le corsaire français dont il étoit la première propriété.

Ici il n'y a pas eu de combat il résulte au contraire du procèsverbal, dressé par le capitaine du corsaire le Robert, que les Français, à bord du Trajan, et qui étoient au nombre de 5o, ont appellé ce corsaire, par divers signes fraternels, et lui ont demandé des secours.

Il est utile d'observer que le Trajan avoit beaucoup souffert de son long voyage, et qu'il étoit démonté de son gouvernail.

Ainsi, nous demandons ce que pourroit avoir d'édifiant et d'au-

La loi existante est essentielle au succès de notre marine ; parce qu'elle encourage à exposer son avoir et sa vie, pour soustraire au joug des ennemis les vaisseaux, les richesses et les hommes de la république, et pour lui acquérir, sur mer, une supériorité dont peut dépendre sa destinée.

guste, une loi qui permettroit à des *Français* qu'un malheureux *Français*, détroussé sur une grande route, appelleroit à son secours, de consommer le crime des premiers brigands, et de n'aller à lui que pour achever de le dépouiller ?

Ainsi les Français sont tous assez vils dans l'esprit des défenseurs des sieurs Ambroise Perrotin, père et fils, pour n'exposer jamais leur *avoir*, (puisque *avoir* y a) que pour avoir *l'avoir* de leurs concitoyens et de leurs frères.

Mais, dès long-tems, les Français ont repoussé, par plusieurs actions également honnorables, les calomnies des défenseurs *Ambroise Perrotin, père et fils.*

Nous prenons un exemple dans le rapport même du citoyen *Legendre*, (page 3.)

,, Un navire de Dunkerque ,, fut pris par les anglais, et ,, repris huit jours après, par ,, un corsaire du même port. Les ,, armateurs de ce corsaire s'em- ,, pressèrent de le rendre à son ,, ancien propriétaire, en lui ,, disant *qu'ils ne vouloient pas* ,, *s'enrichir aux dépens de leurs* ,, *frères malheureux.* ,,

(9)

Ce citoyen (le citoyen Legendre) expose que , par la loi
existante , *les citoyens Rabaud et
compagnie ont été condamnés à la
perte entière du vaisseau le Trajan,
dont la cargaison pouvoit s'éva-
luer à plus de quatre millions.*

Cette perte 'fut effective pour
la France , lors de la prise du
Trajan par la frégate angloise
la Thétis ; mais *on peut assurer
qu'elle ne le fut pas pour les citoyens Rabaud et compagnie, ni
pour leurs co-intéressés, Senn ,
Biderman et compagnie.*

Il est d'usage dans le commerce , de faire assurer ce
qu'on expose à la mer, même
en tems de paix. Aucune loi
ne le prescrit ; mais le négociant connu pour y manquer ,
perd son crédit et sa réputation.
Le vaisseau le Trajan a été assuré à Londres par le ministère
des citoyens Smiths et Atkinson,
négocians de Londres, et très-

(Ici, suivent deux pages, con-
sacrées à prouver qu'il faut absolument que des français, *puissent
ruiner entièrement d'autres français,*
et que, *les corsaires français n'au-
ront jamais assez du tiers de leurs
reprises.* Il résulte de ce long rai-
sonnement qu'il n'est nul français qui , s'il étoit assailli sur
une grande route , voulût être
secouru par les défenseurs *Ambroise Perrotin, père et fils* ; et puis
c'est tout.)

On peut assurer que voilà l'*as-
surance* , la plus lâchement ca-
lomnieuse.

Il y a dans ce paragraphe des
défenseurs *Ambroise Perrotin,* père
et fils, un peu plus d'adresse
qu'à eux n'appartient.
De ce qu'il *est d'usage de faire
assurer ce qu'on expose à la mer ,*
et de ce qu'ils *assurent* que le
vaisseau le Trajan a été *assuré*
à Londres, ils laissent à leurs
lecteurs pleine liberté d'en con-
clure , et ils *voudroient* bien

C

probablement aucun desproprié-
taires des divers objets qui com-
posent la cargaison n'a manqué
de faire assurer son contingent;
Par conséquent, les citoyens Rabaud et compagnie, et leurs co-
intéressés recevroient deux fois
la même valeur, si, malgré la
loi existante, on les déclaroit au-
jourd'hui propriétaires, à moins
que les assureurs instruits de cette
singularité, ne jugeassent à pro-
pos de revenir contr'eux ; auquel
cas les fonds que le navire le
Robert seroit forcé de rendre,
iroient tous en Angleterre, si
tous les assureurs étoient Anglois.

qu'ils en conclussent que toute
la cargaison étoit aussi *assurée*.

Il faut rendre aux défenseurs
Ambroise Perrotin, *père et fils*, le
service cruel de porter le plus
grand jour, sur leur très-nébu-
leuse exposition.

Les propriétaires de la cargaison du Trajan ne le sont pas
du navire le Trajan ; ainsi il ne
s'ensuivroit pas de ce que le
navire seroit assuré, que la cargaison le fût aussi. Or, les propriétaires de la cargaison attes-
tent qu'elle ne fut jamais assurée.

Ils ne l'ont pas faite assurer,
parce que la déclaration de guerre
a été antérieure à l'avis qu'ils
ont reçu du départ du Trajan de
Pondichéry, et que d'ailleurs le
retour de ce navire en Europe
a été beaucoup plus prompt que
les intéressés n'avoient droit de
l'espérer.

Au reste, ils déclarent qu'ils
n'auroient pas manqué de la faire
assurer à Londres, s'ils avoient
pu prévoir que le corsaire français le Robert, leur rendroit un
jour le service de *remorquer* leur
navire, avec ce grand acte de
désintéressement d'exiger, pour
prix *unique* de ce *bienfait*, et le
navire lui-même, et toute sa cargaison.

Mais n'auroit-il pas paru plai-
sant aux anglois que des fran-

Et c'est le citoyen Legendre qui demande qu'on dépouille une compagnie d'hommes de toutes classes, et presque tous sans fortune , armés, sous les auspices des loix, pour défendre la patrie; il demande qu'on la dépouille de ce que la loi lui adjuge , pour grossir encore la fortune des capitalistes ses commettans. Pour y parvenir, il sollicite une loi *désastreuse* ,qu'il nomme bienfaisante ; il sollicite en outre l'effet rétroactif de cette loi ; il demande en propres termes , *que la valeur de la cargaison des vaisseaux repris , soit restituée , ainsi que les vaisseaux, aux propriétaires , dans la proportion réglée par la nouvelle loi*

çais leur proposassent d'assurer leurs propres vaisseaux contre des français ?

Le résultat de tous ces faits est bien évidemment, *que les fonds que le navire le Robert sera forcé* de laisser aux propriétaires du navire le Trajan *n'iront point du tout en Angleterre*; car dans ce pays il n'y a point *d'assureurs* du Trajan.

Ah ! c'est bien à ce paragraphe que nous pourrions appliquer la phrase élégante des défenseurs *Ambroise Penotin* père et fils ; c'est bien de lui, que nous pourrions dire, que *telle est l'arme banale dont on se sert pour frapper et ennivrer les sens, lorsqu'on veut faire échouer la justice et la raison.* (Si tant est cependant, que quelqu'un au monde sache, ce que c'est qu'une *arme banale qui frappe les sens.*)

Nous aimons mieux leur répondre par cet article même de la *déclaration des droits*, qu'ils ont choisi pour leur épigraphe.

Tous les hommes sont égaux par la nature et devant la loi.

D'ailleurs , la justice et la raison des défenseurs *Ambroise Perrotin* père et fils , qui , grace à la revolution , ne sont plus la justice et la raison de tout le monde , *échoueront* devant la simple exposition de ce fait.

La vente de la cargaison du Trajan , produira sept millions au moins. Ainsi , par le projet de loi que propose le citoyen Legendre, il reviendra aux propriétaires du corsaire le Robert, qui ne sont point du tout des capitalistes, *comme chacun sait*, une modique somme de deux millions et demi.

A présent, nous le demandons à tous les hommes de bonne-foi. Le corsaire le Robert, ne sera-t-il pas bien payé par cette somme, du service qu'il a rendu au Trajan, de l'accompagner jusques dans la Gironde ? et nous demanderons encore quelle seroit la fortune du *capitaliste*, ou négociant, *comme on voudra*, qui tiendroit à une *dévalisation fraternelle*, de sept millions ?....

Nous ferons remarquer à nos lecteurs, la lâcheté de cette accusation, que le *citoyen Legendre veut grossir la fortune des capitalistes ses commettans.*

Les citoyens Rabaud et compagnie, n'ont jamais vu le citoyen Legendre. Le citoyen Biderman ne l'a vu que deux fois. Ce n'est donc pas eux qui ont *commis* le citoyen Legendre, pour rapporter leur affaire à la Convention.

C'est la Convention elle-même, qui, par un décret exprès, a renvoyé cette affaire à son Comité, et c'est le Comité qui a choisi, le citoyen Legendre, pour en être le rapporteur.

Mais les défenseurs, *Ambroise Perretin*

Cette demande immorale , (*celle de donner un effet rétroactif à la loi sur les recousses*) et rejettée par l'article XIV, de la Constitution , a encore deux vices particuliers : elle tend à répandre la confusion et la discorde dans le Commerce maritime , dont l'harmonie est tant désirée ; elle est en outre absolument impossible à exécuter. Comment réfondre , conformément à la nouvelle loi, tous les jugemens rendus , et tous les comptes réglés depuis la guerre, d'après la loi existante ? Où retrouver les sommes réparties à des milliers de matelots et d'intéressés de tous les pays , pour reformer les répartitions suivant la nouvelle loi ?

Perrotin père et fils , ont laissé paroître ici le bout d'oreille , ils n'aiment pas, les Représentans du peuple , dont la réputation de patriotisme est bien établie ; il faut bien qu'ils calomnient platement , le premier dont ils ont l'occasion de parler.

Nous transcrirons ici l'article XIV, de la *Déclaration des Droits*, et non de la *Constitution*, dont les défenseurs, *Ambroise Perrotin*, père et fils, ont voulu s'appuyer.

» *Nul ne doit être jugé et puni, qu'après avoir été entendu, ou légalement appelé, et qu'en vertu d'une loi promulguée antérieurement au délit. La Loi qui puniroit des délits, commis avant qu'elle existât, seroit une tyrannie : l'effet rétroactif donné à la Loi, seroit un crime.*

Il est bien évident que cet article de la Déclaration des Droits, n'est applicable qu'aux loix pénales, et non aux loix civiles, et jusqu'ici, il n'y a point eu d'*affaire criminelle* entre les propriétaires du corsaire le *Robert*, et ceux du vaisseau le *Trajan.*

Mais en supposant que cet article pût aussi être appliqué à l'affaire dont il est ici question ; il en résulteroit bien certainement, que le prétendu jugement du Tribunal de Bordeaux n'en est pas un, puisque *nul ne peut être jugé qu'après avoir été entendu , ou légalement appellé*, et qu'encore une fois, les citoyens Rabaud et compagnie n'ont été ni appelés, ni entendus.

Mais c'est, sur-tout, l'effet rétroactif de la nouvelle Loi que redoutent les défenseurs *Ambroise Perrotin*, pere et fils. Or, il faut une bonne fois, s'expliquer sur cet objet.

Sans doute, une loi pénale qui seroit appliquée à tel délit commis avant sa promulgation, seroit un acte de tyrannie. Mais, il n'en est pas ainsi des loix civiles, il n'en est pas ainsi surtout, chez un peuple qui, travaillé par les orages de la liberté qu'il vient de conquérir, n'a pu poser encore que les principes de son nouveau gouvernement, et s'est vu forcé de retarder la promulgation des loix qui en dérivent.

Ce qui est bien sûr chez un pareil peuple, c'est qu'il ne regarde pas, comme des *loix*, les ordonnances royales, dont il a proscrit à jamais les auteurs.

Or, que demande le citoyen Legendre? Ce n'est pas une loi, dont l'effet sera rétroactif, c'est l'application, à telle circonstance imprévue, des principes de la Constitution; c'est enfin, l'accomplissement de cette promesse constitutionnelle, article

(15)

122. *La Constitution garantit à tous les François, l'égalité, la sûreté, la propriété, etc.*

Mais les défenseurs *Ambroise Perrotin père et fils*, trouvent *immorale* l'application de ces principes ! Et pourquoi pas ? Ils veulent dépouiller *légalement* les citoyens Rabaud et compagnie de leur propriété.

Convenons qu'il faut que ces messieurs se soient faits une étrange idée de la morale publique ; convenons encore que ce seroient des hommes à fuir, si l'on pouvoit soupçonner qu'ils en ont puisé les principes dans leur morale privée.

Au reste, la guerre maritime a été déclarée à l'improviste. La Convention nationale n'avoit pas eu le tems de s'y préparer, ni de prévoir les petites guerres qu'elle pouvoit amener dans le commerce national ; mais, certes, il ne s'ensuit pas de son silence qu'elle ait voulu que les Français pussent être armés contre les Français, et sur-tout, qu'une ordonnance du plus célèbre des despotes, de LOUIS XIV, demeurât en vigueur, chez un peuple qu'elle venoit de constituer *républicain*.

Quant à la discorde et à la confusion, que ces messieurs croient devoir être le résultat de la nouvelle loi dans le commerce maritime , graces soient rendues à leurs terreurs civiques ! heureusement elles ne sont pas plus fondées que leurs prétentions sur la cargaison du Trajan.

Le nombre des vaisseaux français , repris par des corsaires français , se réduit à deux. Le premier , repris dans les 24 heures , n'a rien à redemander ; car le corsaire qui l'a repris , conformément à la nouvelle loi , n'a reçu qu'un tiers du prix de la cargaison.

Le second , le Trajan , n'a pas été repris ; car il étoit libre quand il a été abordé par le corsaire le Robert , auquel , par divers signes , il avoit demandé des secours ; et celui-ci, *quoiqu'il n'ait pas été repris* , (ce qui est utile à répéter) obéira à la loi , et cédera le tiers de la valeur de sa cargaison.

On voit que les difficultés tant redoutées *pour retrouver les sommes réparties à des milliers de matelots et d'intéressés de tous les pays*, sont un phantôme de l'imagination très - créatrice *comme on a vu* , des défenseurs *Ambroise Perrotin* père et fils , et qu'il n'y aura rien à *retrouver* , puisqu'encore il n'y a éu rien de *réparti.*

Il est moralement sûr que l'effet rétroactif demandé, ne sera pas décrété, et il est phisiquement sûr qu'il ne sera pas exécuté.

Si ces messieurs ont voulu dire, dans cette *péroraison sentencieuse*, qu'ils se déclaroient en révolte contre la loi, lorsque la loi sera rendue, nous déclarons que cette menace n'est pas plus capable d'intimider les représentans du peuple, que les citoyens Rabaud et compagnie.

Si, au contraire, ils ont cru nous faire croire qu'ils sont sorciers, nous leur répondrons : vous en avez menti. Demandez plutôt à vos lecteurs ?.... ils sont tous bien convaincus que vous n'êtes pas de *grands sorciers.*

Par *procuration de Rabaud et Compagnie. Signés* SENN, BIDERMANN *et* Compagnie.